血濃於水的會館

周宗賢｜著

行政院文化建設委員會策劃出版
藝術家出版社編輯製作

文化資產叢書序

在中華民族悠久的歷史進程中，長久累積的文化資產，有如一片色彩絢麗的錦繡，而其縱橫經緯，則是由先民的生活軌跡與智慧所交織而成。所謂文化資產，包括古物、古蹟、民族藝術、民俗文物及自然文化景觀等，其中蘊含的民族智慧與情感，確實是我國文化精神之所在，也為世世代代的藝術文化活動提供了永續的源頭活水。

文化資產的歷史意義、人文傳統與藝術價值，不僅反映了先民的生活方式與生活態度，對現代人而言，也是豐富生活內涵的重要資源。一個國家或民族的文化內涵是否豐厚，社會是否進步，文化資產的多寡是十分重要的指標。因此，保存和維護文化資產，乃成世界各先進國家無不全力以赴的標的，雖然在此一工作上，政府與民間均屬責無旁貸。但在推行與規劃過程中，卻有其現實上的困難，要雙方均能積極主動的致力於保存維護工作，有賴教育和傳播的力量，加強文化保存觀念之紮根與宣揚。

有鑑於此，本會爰將歷時多年精心策劃編印的「文化資產叢書」予以重編出版，希望藉叢書的重新發行，呈現各項文化資產清晰動人的面貌，讓我們在欣賞其藝術表現與社會意涵之餘，更能在日常生活中體認其價值。有了了解與尊重，才能喚起全民的參與及支持，進而找回我們自己對文化的信心和自尊，建立全民維護文化資產的共識。

行政院文化建設委員會主任委員　林澄枝

編輯例言

一、本套「文化資產叢書」係民國七十二年起由行政院文化建設委員會策劃印行，至八十六年共出版五十二本。歷經十多年，由於部分叢書已絕版，且考量若干資料宜適時更新，乃計畫重編。八十七年九月，本社受文建會委託補充叢書內容資料或圖版，並重新設計統一的編輯體例，重新編輯後予以推廣發行。

二、本套叢書依文化資產保存法第三條，分類如下：

古物類（以具有歷史及藝術價值之器物為主）。

古蹟類（以古建築物、遺址為主）。

民族藝術類（以傳統技術及藝能之表現為主）。

民俗及其有關文物類（以與國民生活有關之風俗、習慣及文物為主）。

自然文化景觀類（以產生歷史文化之背景、區域、環境及珍貴稀有之動植物為主）。

重編書籍除分類明確者外，尚有按內容性質分跨兩類領域者。

三、叢書每本頁數在六十四到八十頁之間，文字數約一萬五千字到兩萬字，圖版在五十張以上。

四、視事實需要，依據舊版叢書修訂或增刪內文，並更新或增強圖照資料的品質與豐富性，文圖兼備。

五、另按各書情況，彈性決定在書末放置參考書目或名詞解釋。

六、期望藉「文化資產叢書」的重新編輯發行，深入淺出地介紹固有文化資產，帶領讀者認識中華文化的精粹，以及文化資產保存與傳承的重要，並建立保存觀念。

藝術家出版社　何政廣謹識　中華民國八十八年三月

目次
（文化資產叢書—古蹟類）

序……◉3
編輯例言……◉4
第一章　會館的由來……◉6
第二章　會館的沿革……◉12
第三章　會館的範圍與種類……◉20
第四章　會館的經費……◉26
第五章　會館的組織……◉30
社交娛樂、住宿、慈善工作、宗教祭祀、經濟方面、法律方面
第六章　會館的事業……◉34
第七章　臺灣的會館……◉42
一、臺南……◉45
潮汕會館、銀同會館、桐山營會館、兩廣會館、三山會館、浙江會館、安平五館
二、彰化……◉57
汀州會館、三山會館
三、鹿港……◉63
金門館、泉郊會館、廈郊會館
四、澎湖……◉69
提標館、銅山館、海山館、烽火館、臺廈郊實業會館、南澳館與雲霄館
五、臺北市……◉71
金門館
六、淡水……◉74
汀州會館
第八章　結語……◉76

第一章 會館的由來

我們中國人在文化上或是現實的生活上有一共通性，就是無論在國內或國外，為了適應新的環境，便會成立一種或數種傳統性的組織作為適應的工具。這種特性是我們中國文化的特徵之一，且能展示中國文化的堅韌性和更新性。

通常一個社會整合凝聚最基本也最直接的單位和準則是血緣，從很多的初期社會都建立在親族團體之上就可以得到證明。不過當一個社會的成員日多，範圍日廣的情況時，由於經濟上發生分工，社會功能亦發生分化，如此，單靠血緣的關係已無法維繫這個複雜的社會了。為了彌補這個缺陷，依據同籍關係的地緣性組織就會產生並被加強運用。大凡血緣關係的表徵是祠堂家廟，而會館或鄉土神的信仰就是地緣關係中最具特色的了。

會館的發生是基於我們中國人

強烈的愛鄉心理。由於具備了這項民族性格，每當佳時令節必引起人們思鄉的情緒，所以愛慕故鄉的詩文特多。中國人以生死於故鄉為本，有時被種種因素所迫而作客他鄉，但等事業成功後都堅持要衣錦還鄉。今天在金門，我們可以很普遍地看到金門人到南洋或華北等地貿易奮鬥有成後，返鄉興建的豪華洋房，就是一個最好的例子。我們有時會客死他鄉異域，但也都希望能夠葉落歸根。這種傳統的民族性，使我們即使在他鄉住上數代，仍呼祖先出生之地為故鄉。中國人向來聚族而居，習於有福同享、有難同當，故當外出作官、作貿易或從事其他工作的時候，以同鄉之誼來做為一種凝聚的結合力當然是愉快且自然的事了。造成這種現象的因素還有跟明清時代的地方制度有關。因為，明清地方官制止於縣，

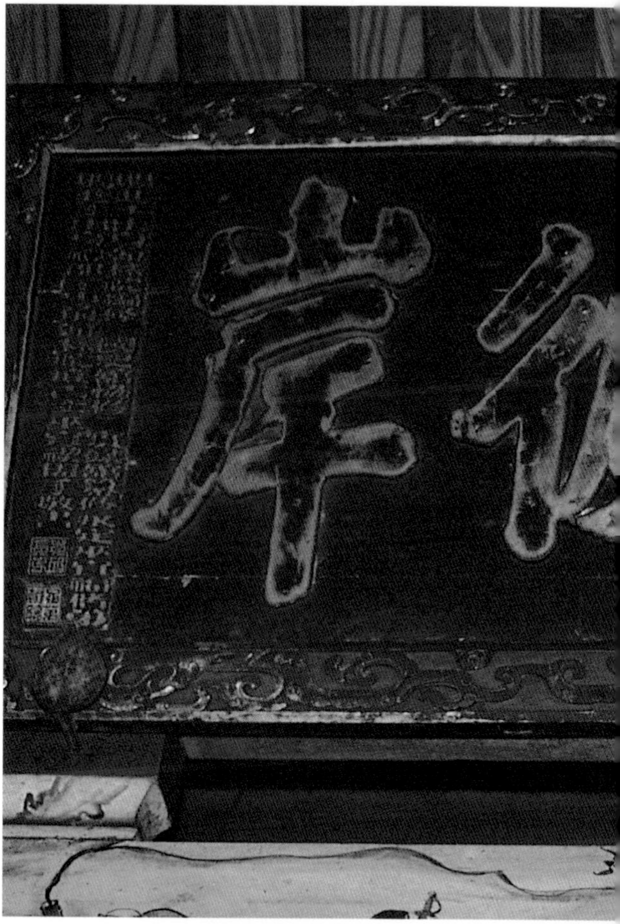

●會館是同鄉人互相濟助的組織。（右圖）

●汀州會館一景（李乾朗提供）

以下委由地方自治，這就更助長地域的觀念，如此就會將他鄉人視為異族，尤其在生存競爭較激烈且文教較低劣的地方，先住人對於他鄉人很容易滋生各種的排斥和嫉視的心態，甚至虐待侮辱的事也是常見的了。人們為了保護生命財產以及解決思鄉之痛苦，他鄉人便會依同鄉之誼組織了相互濟助的團體，這個時候，鄉親與共同的家鄉守護神所凝聚的力量，已超越了鬆弛的同姓血緣關係了。更何況我國盛行祖先崇拜，任何人都希望死後歸葬於祖先的墳地內，所以當祖或父客死他鄉時，其子孫都會不辭千辛萬苦與路途遙遠地將他的先人遺體運回原籍安葬。但是，在古代的中國，一切尚未現代化時，交通是很不方便的，要想以一個人的力量來完成這種義務是有許多的困難，實有賴於同鄉人之同心協力。會館就是為了解決上述所談的種種問題而產生。所以，它是具有中國人傳統的慎終追遠及愛鄉土、愛鄉親的美德。

第二章 會館的沿革

會館是為了同鄉人相互濟助的需要而產生，所以說需要是存在的重大因素。在京師或各省省會或繁榮的都市或海外新拓的地區，會有來自各省各府縣的人，或考試或旅遊或經商或任官的理由來到這裡，會館便提供他們停留住宿聚會或推進業務之用。會館的含義有二：狹義的會館單指同鄉人士所公立的硬體建築；廣義的自然是指軟體的同鄉組織與其功能了。

從文獻上觀察，宋代的杭州就有這類的民間地緣機構用來服務同鄉人。當時的杭州非常繁榮，寄寓的外郡人士特別多，尤其是江商海賈，他們之中不少在杭州發達致富並成家立業者。這些異鄉客便在杭州建立會館，並供奉各種家鄉信仰的守護神，最重要的是對來自家鄉人士有買賣不利、坐困不樂者，以錢物救濟，協助他們渡過困境。若

●同鄉名士所送的匾額。（陳一水攝）（上圖）

●會館提供家鄉守護神的祭祀。（陳一水攝）（左頁圖）

●鹿港金門會館（12、13頁圖）

宏揚先緒
過化存神
蘇府大王爺

客死杭州者，便給予散棺助其火葬，以終其事等。

但是，會館兩字的出現則遲至明永樂年間（西元一四〇三至一四二四年）蕪湖人俞謨在京師前門外長巷上三條胡同所建的「蕪湖會館」。他是為同鄉人士任職京師者住宿聚會之用。由於這種會館，很能有效地解決思鄉之愁和困難，更能增進同鄉者彼此的情誼，因此，其他各地來京師的人士，紛紛建立他們的會館，例如福州會館、青原會館、稽山會館、汀州會館、邵武會館、新城會館、懷忠會館等等都是。

●會館就是同鄉會，可供住宿。（上圖）

●臺南桐山營會館倡建人蘇建邦的聯（陳一水攝）（16、17 頁圖）

第三章 會館的範圍與種類

王廟
臺南市三山國王廟管理委員會

會館的範圍有階梯性，也就是說有大小的不同。它包含如以下幾種：⑴由一縣人組成者，如湘鄉會館、武進會館、涪江會館等是。⑵由一府人組成者。由於縣的區域太小而無法組成有力的會館時，那麼會館就會擴大為由府為單位的人來組織，如廣州府之嶺南會館，寧波府之四明公所，福州府之三山會館，汀州府之汀州會館，紹興府之紹興會館等是。⑶由於民間的組織具有強烈的階梯性，故若須更大的團結，則在地理語言歷史發展或民間信仰諸方面有著特殊關係的兩三府人往往會合組一會館，以應需要，如廣州肇慶二府人組成的廣肇會館，潮州惠州人組成的潮惠會館，潮州汕頭人組成潮汕會館。⑷省是我國地方最大的行政單位，明清各以總督巡撫來治理，因此省籍觀念也非常發達，故又有以一省人

●福州會館是一府的會館（右圖）
●澎湖烽火館碑記（左頁圖）
●臺南三山國王廟一景
（20、21頁圖）

皇清
特簡鎮守福建等處地方駐劄澎湖水師副總鎮帶紀錄二次江諱
福建澎湖水師協標中軍副總府兼管左營事林諱雲
緣首福建澎湖水師協標右營副總府帶紀錄二次載諱禧
澎湖右營守備吳科署左右營守備紀廷炎 王子榮
新調澎湖左右營守備卓其祥 楊元 林廷寶 張必高
千總許友勝 謝祖 把總許邦賢 游得貴 王光燦
王国寶 陳維礼 洪澤
共捐烽火門換戍澎臺班兵樂助共成重建斯廟崇奉
關聖夫子神像求為烽火班兵住館謹泐此碑為記
乾隆叁拾年正月
斯館者烽火營戍兵恭建其始建自乾隆年間中祀

合組的會館，如廣東會館，四川會館，浙江會館等是。(5)有時在都會中，同省人太少，不能組成有力的會館時，互相鄰接的兩三省人便合組一會館，如雲南貴州兩省人合組的雲貴會館，湖南湖北兩省人的湖廣會館，廣東廣西兩省人的兩廣會館，福建廣東兩省的閩粵會館。(6)在海外，則不論其出生地之異同而合組成中華會館。(7)除了以行政區劃為單位者外，尚有因經商的地區相同而合組會館的，如泉郊會館、廈郊會館、臺廈郊會館。(8)有因特殊兵制下之同單位者所組成，如清代在臺灣的水師提標館、海山館、銅山館、南澳館、烽火館、閩安館、金門館等是。(9)有因同業組織的幫會為著應付當地土著的壓迫，並保護自己的利益合組而成的，例如書行業之文昌會館，玉器行之長昌會館，顏料行之顏料會館，藥行之藥行會館等是，這些都是屬於業緣的組合。

●澎湖海山館就在施公祠內。（上圖）

●會館有專人打掃，令鄉親賓至如歸。（史維綱攝）（右頁圖）

第四章

會館的經費

臺郡銀同

咸道光乙巳

為文以記之

地卒世成弁陳青山促這晃目開

畫其事易其朝向擴其比基開為前後兩楹暨以謹□□

天妃螯

吳真人

陳聖王神像兄同人之來郡者富喜及試期士子居者在野

頗曰銀同祖廟實則銀同會館也延僧供香火若館主人然

有之有功德於戌祀之此三神者本崇祀吾同屬頗靈吳元回

人赴臺者咸攜香火重洋昊增皆稱神佑方祀乔廟禮示宜之

斯後她成民與致力於神西得之故不可不記丙日試期去

士子赴試者交毅祗鼠火牖集添廟苦不足容之任往引校

宿不得相與樂羣而欵業乎匃未滿意幸廟後尚有陳地可賄

厥更有羨與者為之倡楷而萱其役建後蓋并發室以附至泛

乎使乎獲再造臺則斯役也予必肩其任不使陳唐宰擅美焉

朱夫子士人始蒸蒸向化又鹿洲藍先賢以幕從征允所以
制度而式彝著悉本所學而見之於實用以故年來文風日
登進士第者踵相接苟非廟後蓋成則予擬中塑
立文昌帝君
朱夫子
藍先賢神像不但有功德祀之并以起士人道學希朱經濟
之思焉先生以為何如予嘆曰善哉臺灣孤懸海外茲廟之
何崇嚴予何從瞻仰而記之而李君所言悉合於道記
李而陳青山等之義舉李君計慮之周至與夫士子之所
式皆兼類而可見焉李君名澄清號亭其號子東也生平
志好經濟歲癸巳曾以幕從征張逆丁酉又隨平沈
議敘而歸越四年再遊臺兩年而歸尚有志再遊故
鄉進士例授文林郎候選知縣舉人陳貽蘭撰文　賴振春　陳翔芸
道光乙巳年三月　日吉旦董事

第五章

會館的組織

祇要和會館同籍貫的人都是會館的會員。因為會館的設立就是由同鄉人士用來服務同鄉人，所以，會員的資格很簡單。不過與行會有關的會館，因牽涉到事業的獨佔性，為了保護原有會員的利益起見，對於新加入的會員就多了一些限制，其中最主要的限制是規定要捐出若干錢，方得加入為會員。在臺灣，這類型的會館沒有，因為臺灣的會館較具聯誼住宿的性質，商業性的色彩較少的緣故。

會館既是一個社會組織，為了能夠推動各項的事業以服務同鄉人，則必須有人來主持。通常主持會館業務者稱為董事或理事，由同鄉人推舉後報官。他們的主要職責有二：⑴對內監理會館之一般事務，如銀錢的收支或館產之管理以及對同鄉人的服務，甚至要仲裁和解同鄉人之間的糾紛。⑵對外代表會館去跟官府或其他團體交涉談判等。會館在地方上扮演多種功能，所以董事的職責很重大，為了對外好辦事，對內能讓同鄉人信服，所以都推舉熱心又有名望又有財勢的人來擔任，這樣的人通常是得過功名的紳衿，例如鹿港的金門人就推舉極富名望又有財勢的新竹鄭用錫進士擔任董事。為了避免發生寡頭專擅之毛病，會館一如其他法人，規定有數名副董事，以輔佐董事，他們都是榮譽職，任期大多是一年到四年，也無連任之限制。他們雖然不受薪，但每年得由會館支給若干車馬費。由於會館的本質異於一般的廟宇，其事務更為煩雜，實非幾位董事所能一一處理，所以會館都請有一些受薪的職員來司事，例如接待賓客，清掃會館，安排祭祀供物或辦理重大祀典宴會時的文物，穀租的催收，戲班的安排以及

●澎湖烽火館組織碑記。（左頁圖）

●美侖美奐的會館建築（李乾朗提供）（30、31頁圖）

一般的慈善工作等，都由他們負責。

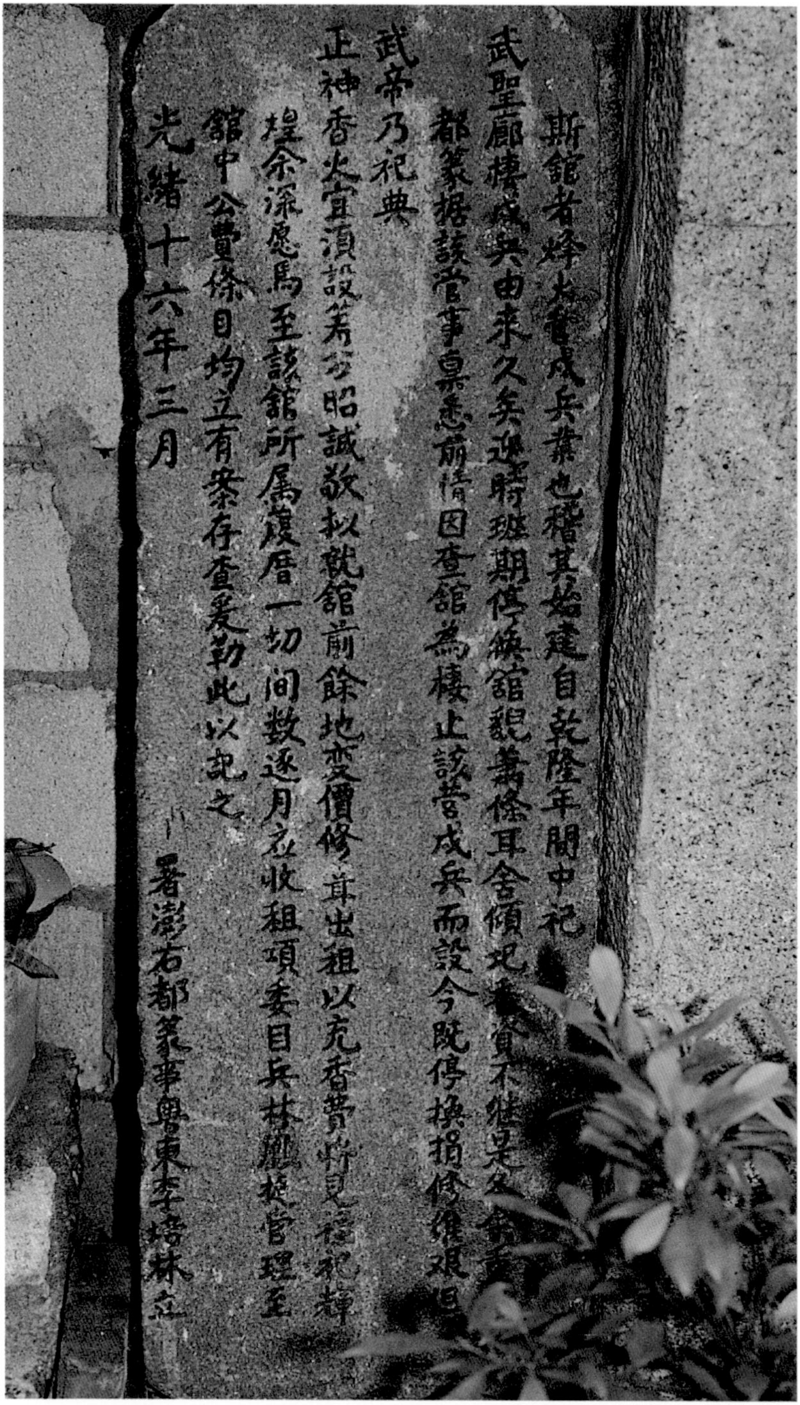

第六章 會館的事業

會館是一種同鄉的地緣組織，以團結鄉人，保護鄉人，促進聯誼及互相濟助為目的。要達成目標，就要辦理許多相關的工作。在大陸，一般的會館都能夠積極地保護同鄉人的利益，它不像商業性質的行郊，行郊給予同業的限制較多，而會館是較少禁止的。會館甚至要跟外來的帝國主義者衝突也在所不惜。像這樣的情況，上海北市錢業會館碑有很詳細的記載。

臺灣的會館主要是服務渡海來臺的同鄉人，使同鄉人能得到好的幫助為目的。例如臺南的銀同會館記有：「試期，南北士子赴試者，交轂聯袵，鱗次麕集，茲廟若不足容之，往往別投宿，不得相與樂群而敬業……幸廟後尚有隙地可購，闢為前後兩楹，翼以護室……凡同人之來者，寓焉。」其他如桐山營會館、烽火館等也都有類似的碑記說明。

會館經常性的工作，約有下列數項：

(1)社交娛樂

會館在神誕或祭日或其他吉慶日，一定會演戲酬神，設宴以敦鄉誼。中國人的鄉土觀念很重，也難免產生較狹隘的地方觀念，所以出門在外易受當地人之排斥，如此，更易滋生思鄉之情。會館既為同鄉會的俱樂部，便經常自家鄉請來戲團，除了酬神之外，更能提供同鄉人在異域欣賞家鄉戲、聽家鄉音之樂趣，這樣就能大大地滿足同鄉人思鄉之苦了。

(2)住宿

出門在外有著太多的不方便，住宿是最基本的困擾。所以為了解決住的問題，會館都置有廂房客室供鄉人寄宿。臺南潮汕會館的最後一進，整棟都是客房。為了防止鄉

人長期羈宿，會館都訂有公約，不許長住或踞為己有，也不可私租他人。

(3)慈善工作

會館可以說是鄉人在外的避難所，為了使客死他鄉的人得以安頓和料理善後，在館內或附近都設有殯舍以供使用或安置靈柩。對於一般的災變，會館也都會給予同鄉人援助，或贈或借旅費、或養育孤兒、施衣贈藥、安排交通等都是經常要做的工作，有些會館更設立義學以供孩童唸書。

(4)宗教祭祀

會館是以相同的籍貫為凝聚力並加上相同的神佛信仰而結合。我國以神教來強化人群由來已久，每個地方都有自己的鄉土神或行業的

●臺南銀同祖廟一景（上圖）

●臺南潮汕會館左殿，供奉媽祖及兩廣總督廣東巡撫之長生祿位。（右頁圖）

●臺南桐山會館之廂房一景（34、35 頁圖）

守護神，例如江西人崇拜許真人，廣東人信奉關帝，福建人則禮祀媽祖，漳州人尊敬開漳聖王，粵東客屬的三山國王，郊商們的水仙尊王，汀州人的定光古佛，安溪人的清水祖師，除外尚包含供養有功於會館的董事或倡捐人以及同鄉的先輩們，如江西人之於文天祥、謝枋得，潮汕人之於韓文公，臺南的潮汕會館不但供奉三山國王，也設有韓文公祠，並供有廣東巡撫和兩廣總督之神位便是一例。在旅遊事業推展上會館提供許多方便，更重要的是提供心靈上的慰藉和力量。尤其像臺灣這種地方，亞熱帶海洋性氣候，適為颱風區，海峽風浪詭譎多變，造成嚴重的水土服合問題，島上又多番害，來臺開拓的人士感到極大的死亡威脅，因而對神明的祈求依賴格外地強烈，所以，會館的建立，解決了這些的問題。這也

●潮汕人士供奉有功潮汕的韓文公於會館（上圖及左頁圖）

月
先賢昌黎伯退之韓子之神位

是造成臺灣的社會有會便有神的特性了。而鄉人對於守護神的祭祀也是非常隆重熱鬧的。

(5)經濟方面

提供同鄉人金錢的借貸是會館重要的功能和事業。會館本身都置有會產，它的收益相當可觀。在現代化金融體制未發達時，會館也扮演地下錢莊的角色，如上海的廣肇會館就明訂借貸的辦法。會館的借貸行為一方面幫助有困難而缺錢的人，一方面可獲得一筆利息收入。也有的會館會派人協助同鄉人簡化納稅手續。

(6)法律方面

會館為了保護同鄉人的利益，通常都制定有各種商業習慣，例如價格、度量衡、貨物損毀賠償，折讓等給予鄉人共同遵守。假若有同鄉人相互間發生糾紛，則例由會館董事仲裁。有些會館在同鄉人和外界人士發生爭執時，也會為之出面處理，以免同鄉人孤單軟弱被人欺負。

●潮汕會館主祀三山國王

第七章
臺灣的會館

臺灣為我國閩粵人士所開拓，所以臺灣的風俗習慣都傳自大陸。這些從閩粵來的人士，為了種種的因素和需要也都建有會館的組織。由於閩南的泉漳移民占全臺灣總人口數的百分之八十以上，因此，其他省或其他府州的人士來到臺灣，人數較少，語音不同，生活習慣也有差異，尤其拜不到家鄉的守護神，也經常受到泉漳人士之排斥，這樣出門在外的人，在臺灣開墾或從事貿易是多麼地不方便和痛苦，為了解決這種困境，也為了互相濟助與推展業務，更能解鄉愁起見，幾個較早開發且繁榮的地方，都建有各色各樣的會館。除了一般商人與墾民外，清代在臺灣施行「班兵」的兵制，這些從閩粵各地調來的營兵，為了共伙、拜同一神佛、娛樂或住宿等理由，也都建了許多的會館，非常地有意義。在本質、功能、

組織等方面，臺灣的會館與內地是完全相同的。

一、臺南

⑴潮汕會館

館址在今臺南市西門路三段十號。為一座三進五開間的大建築。是清代粵東人士來臺官民共同捐款興建。據「臺灣府志」:「雍正七年（西元一七二九年）知縣楊允璽，遊擊林夢熊率粵東諸商民建。」按楊允璽為廣東大埔人，林夢熊為廣東海陽人，均屬潮州籍。會館正殿供奉「三山國王」，三山國王在潮汕客屬民間，一向被視為福神，清代旅臺之潮汕商民，多佩其爐香來臺，潮汕會館就因主祀三山國王而

● 臺南潮汕會館重修三山國王碑（上圖）

● 潮汕會館匾額（右頁圖）

● 臺南銀同會館（陳一水攝）（42、43頁圖）

另稱為「三山國王廟」。會館左殿供奉媽祖及歷任兩廣總督大老爺與歷任廣東巡撫大老爺之牌位。右殿為韓文公祠，建於乾隆三十七年（西元一七八二年），內供有恩於潮汕的韓文公。此一會館專供粵東商民停留住宿及聚會推進商務的場所，這是因臺南為泉漳人所開拓，人數居絕對多數，故粵東客屬為求互助，自然需要這種的同鄉組織了。潮汕會館為目前臺灣現存唯一純粹潮州式的建築，造型特殊而優美。其第三進有五間專供同鄉住宿的客房。實具有同鄉會、客棧、錢莊及鄉土守護神祭祀的本質。目前尚能保持原貌，可惜後進棧房被潮籍人士久住破壞了不少，亟待整修。

⑵銀同會館

館址在臺南市府前路一二二巷六十八弄一號。這是福建泉州府同安縣創設的同營會館。創建於清道

●臺南潮汕會館又稱三山國王廟（史維綱攝）（上圖）

●臺南潮汕會館精美的花瓶門與拜殿（史維綱攝）（右頁圖）

光二年（西元一八二二年）。據道光二十五年「臺郡銀同祖廟碑」所記：「銀同祖廟就是銀同會館」。本來是自同安調來臺南的班兵聚會祀神的地方。後因年久未修傾圮，乃由戍兵陳青山倡建，職員陳邦英、高興邦等協董其事，並立碑規定凡是同安來臺南的人都可以住宿。又為了考試期間，有許多同安籍士子考生因會館房間不足而投宿別處，結果無法彼此照顧互相勉勵，乃再在後面加蓋客房兩楹供考生居住。可見具有試館的性質了。銀同會館主祀媽祖、吳真人、陳聖王、五文昌、朱夫子、藍先賢等神。銀同祖廟在第二次世界大戰時，被盟軍炸毀，光復後就原地重建。現尚存古碑三片。

(3)桐山營會館

會館設於臺南市民權路八十九號。即北極殿大上帝廟的後殿。創

●銀同祖廟匾額（右圖）

●臺南桐山營會館一景（陳一水攝）（左頁圖）

威靈赫奕

梅月　官紳舖戶各姓名碑記　日督修　全立

大上帝廟桐山營公眾合約

本廟之建不知始自何時而桐山成台登陸待渡每艚於山先輩赤泰斯
神香火商祀益興前之董事因之董每班富宿神前乃蓋廟后房屋于加慶
九年告完以為桐山公寓與洴每班油香照納祗恐后人不知來由
爰立公約擬定廟后房屋永付桐山營公寓門寓不許頭棄空房應神
主營顧系許私租他人至於廟宗乃眾入捐修通台可立碑此房屋係四
條街與桐山營互相起蓋物業均不得以長住及嘗顧踞為私巳去年緣
桐山頭目高慕龍林進標全董事張健容邦黃張遠璜三并衙眾人等食寧
邑主桂張府珊察准聯衙會印出示存業以杜爭端公約粘附在泰合邀此碑永垂後世焉

道光十八年歲次四月
日公立
桐山張日陞編佇仝十文

重修　北修

金義四元百元
針織公百六拾元
大源號百四拾元
徐慶雲參拾元
復錦雲泉百元
榮源商會陳祀成叁
劉兩拾五元
三隻船店叁拾...

江泉商店七拾六元
永順隆壹百元
王長刋

蘇將大正拾貳年癸亥梅月重修寄附金有志者芳名列左

許成泰參拾五元　吳義興武拾元
金自德參拾元　　莊和武拾元
金慶春叁拾元　　吳衛山拾六元
徐慶雲武拾元　　陳和四拾五元

洪慶興　鄭登連　尤字宙
高南和　張木泉　大福鈹
李瑞田　史大松　郭...
黃大松
張六六　黃大鑼
蔡...
郭...

以上各捐長武拾元

以上各捐伍...

以上水各四元...

四斤
二十元
以上各捐銀十元

徐星雲　陳合成　蔡振益
陳德記

以上各捐銀...
金協春　泰安號　許高瑞　黃錦典
振興號

全立

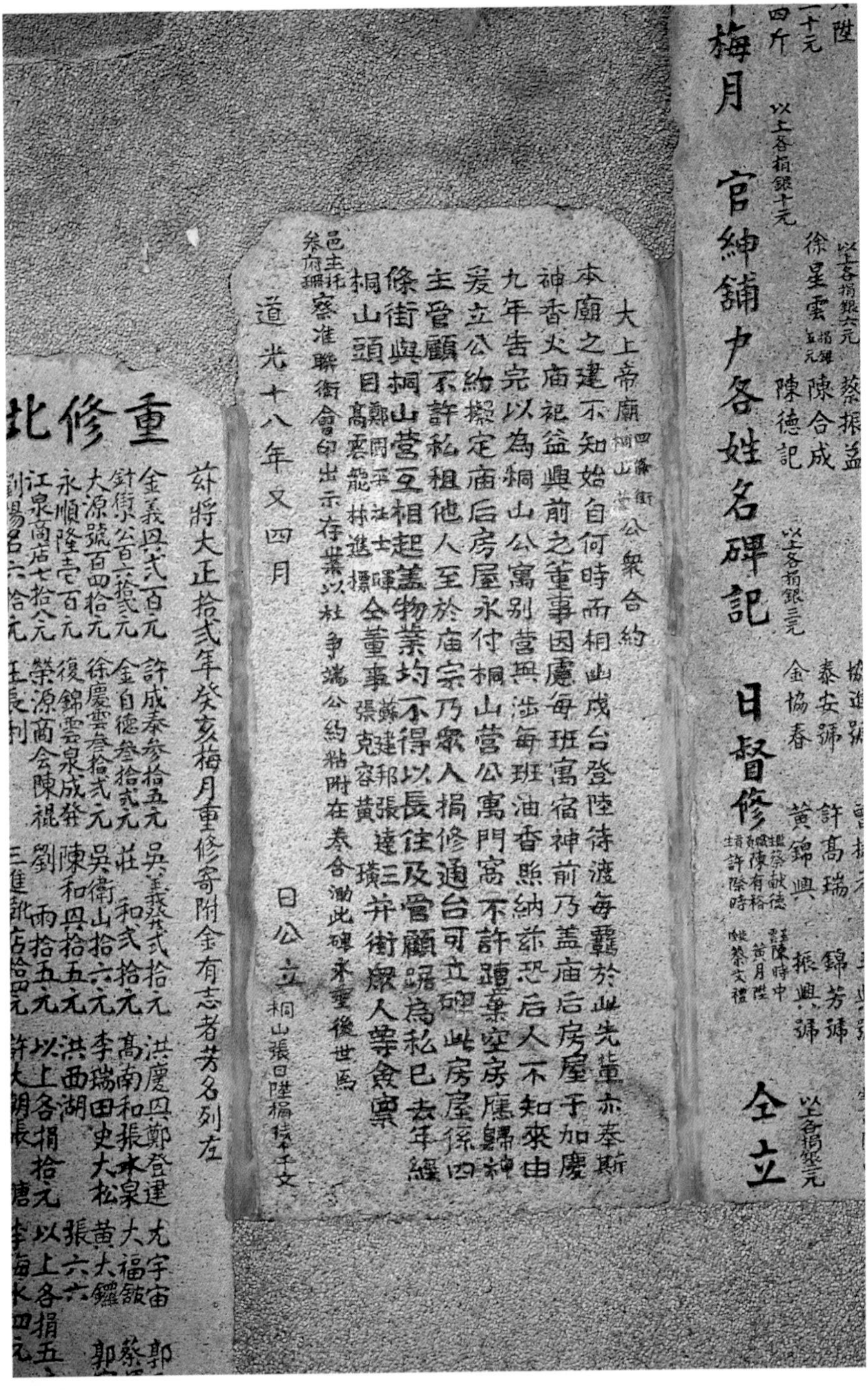

於清嘉慶九年（西元一八〇四年）。桐山在前清時屬福建福寧府福鼎縣。此地講福州話，又是八閩東邊海疆重鎮，沙埕港為其海運吞吐口，清代設有水師營。所以，從桐山調來的班兵，一到臺南所遭到的一些困難可想而知，因為福州話語和閩南語有著相當的差異，因語言上的不易溝通，致使他們必須設立會館，故為對外溝通，對內互相濟助的機關。據道光十八年（西元一八三八年）「大上帝廟桐山營四條街公眾合約」碑之記載，指出自康熙年間設營戍臺以來，桐山營眾登陸或待渡返內地時，常受困於此，並為鄉人有自己的神佛奉祀起見，乃於清嘉慶九年由桐山營頭目鄭國平、高雲飛、江士暉、林進標同董事蘇建邦、張克容、張達三、黃璜等人倡捐，並蓋房屋於北極殿後面，做為桐山營班兵及同鄉人住宿

●臺南桐山營會館北極殿後殿道光十七年古鐘（左圖）
●臺南桐山營會館道光十八年古碑（右頁圖）

大上帝廟四條街公衆合約
本廟之建不知始自何時內有明季寧靖王匾額又有 國初陳通 諸文
老或云有桐山人携帶神袋到此灵感里衆乃爲建廟或云明裔朱氏
系其地祀神灵感里衆乃以其地建廟兼塑其像于西廊二說未知孰是
果誌經載此廟乃偽鄭所建鄭次重修均載年代又誌嘉慶九年設立廟後公
館以爲桐山營貴寓溯其源委蓋因康熙年间設營戍台桐山營衆登陸待渡
每羃於此先輩亦奉斯神香火廟祀蓋與本處紳士倡建重新桐山營亦有捐
題道嘉慶七年冬前之董事因屢每班寓神前乃蓋廟后房屋于嘉慶九年
完工以爲貴營館舍公寓別營無涉每班議貼香資至今如故可見敬神之心
干遠近彼此相待禮知賓主寔爲美也茲因是廟傾塌多年列位捐資帮工
經將廟後公寓併修議恐後人不知来歷爰議公約立石擬定廟後寓屋永什
相山營之人公寓門窓器物毋許蹧棄如有空房應郎漸歸炉主會同不許二
比叅租他人至于廟宇乃係衆人捐修通台可共惟此房屋乃四條街與貴營
互相捐題起蓋物業均不得以長住及嘗頟踞爲私已切宜共守忽失永垂
碑以及后世可也去年經桐山頭目全董事及四條街等簽當
察准聯衡會印出示准勒石碑以杜争端公約粘抄附卷在案以垂永
不朽焉
道光拾捌年伍月 初八 日未時吉立
助碑桐山營叅張日陞出錢壹拾壹仟文
起陳一春 錢陸仟伍佰文

周宗賢

之用，會館並訂定不得長住及管顧，也不可踞為私有或私租他人。此會館主祀北極殿的玄天上帝外，另祀觀音菩薩。現完整地保存道光十八年的古碑兩片及蘇建邦捐題的一對石柱，甚具學術價值。兩廂客房仍存。

⑷兩廣會館

會館遺址在臺南市南門路。光緒元年（西元一八七五年）由籍隸廣東省揭陽縣人的臺灣總兵官吳光亮所倡建，並得來臺兩廣商民所捐助而成。該會館為純粹粵式建築，規模宏大而華麗，可惜於第二次世界大戰時被盟機炸毀。今僅存會館的「瓦當」徑約十一公分乙塊存於臺南市立歷史博物館。

⑸三山會館

此會館為清代福州人士來臺南所捐建，福州人在臺南者人數不少，多經營銀樓珠寶、剪刀、菜刀

●臺南兩廣會館，已毀於第二次世界大戰（李乾朗提供）（上圖）

●臺南桐山營會館道光十八年古碑之二（陳一水攝）（右頁圖）

●安平海山館全景

等行業，講話與閩南大不相同，故建有會館，為一福州式的建築。可惜也毀於日據時期，今已改建易名為「元和宮」。

(6)浙江會館

這是來自浙江寧波船業的人所興建的會館。已毀而不知其址。

(7)安平五館

甲、閩安館

閩安在清代隸屬福建福州連江縣。這個會館就是由福建閩安協標的班兵所建之同鄉組織，作為他們共伙聯誼之場所。會館內有一戲臺，可容數百人，可見其規模之大，為安平五館中之最大者。目前已毀。

乙、提標館

所謂提標就是指清代的水師提標。這些標兵從內地調來安平後，為了需要聯誼共伙祭神等而興建會館。館址在安平三靈里三靈殿之東南，今石門國小內。規模不大，為五館中之最小者。他們主祀媽祖與提標祖。澎湖馬公也有一座提標館。

丙、海山館

海山館位在台南市效忠街五十二巷七號，規模僅次於閩安會館，是安平五館中碩果僅存者，亦由班兵捐助而成。經臺南市政府加以修建，相當完整而齊備。

丁、金門館

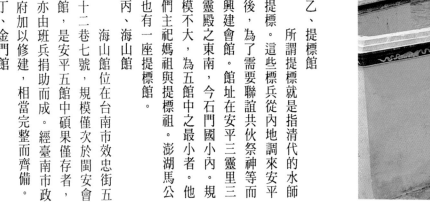

安平五館中規模居第三的就是金門館。金門為中國文化移入臺灣的轉繼站，臺灣的一切均可在金門看到。金門人士渡海來到臺灣、澎湖者為數眾多，故於安平、澎湖、臺北、鹿港等地，均設有金門館以服務金門人士，他們一定供奉有功於金門的蘇府王爺。按蘇府王爺原祀於金門的金湖鎮，故又稱為「浯江會館」。蘇府王爺即蘇永盛，唐時佐牧馬侯陳淵開發金門，浯江人士感念其恩澤，為他建「浯德宮」來奉祀。金門人士渡海來臺，必配其香袋隨行，並於熱鬧地區設會館以祭祀之。可惜安平金門館現已損毀。

戊、烽火館

館址近閩安館，規模居四，然今亦已毀壞。現存有乾隆三十三年「重建烽火館碑記」於大南門外碑林中，甚具研究價值。從碑文中可知烽火館是由烽火門調來安平衛戍之班兵所組成並捐款建館。按烽火門隸屬福建福寧州霞浦縣。該館的經濟來源除同鄉人捐獻之外，靠租賃的收入來維持。

二、彰化

(1)汀州會館

館址在彰化市光復路一四〇號。按汀洲人語屬客家語系，而彰化為漳州人之主要開闢者。故汀州人士在彰化縣城裡就有必要創組會館了。乾隆二十六年（西元一七六一年）由汀籍總兵張世英及汀籍人士捐助而成。主祀守護神定光古佛。會館本有客房供同鄉人住宿，可惜今為汀人所竊踞，面目全非。臺灣另有一座汀州會館位於淡水。

(2)三山會館

館址在彰化市中華路一八五

●古色古香的海山館正門（右頁圖）

●彰化汀州會館的古匾（陳一水攝）（58、59頁圖）

智
濟
乾隆三十八年
明治四十年
定危有賴推移力

無礙
賜進士出身翰林院編修國史館協修
實錄館纂修永定巫宜福敬題
渡海
己丑科進士龍岡沈鴻儒敬立
光被無慙造化心

女子美髮屋
請上二樓
普通收費
修指甲
髮型設計
冷熱燙髮
定光古佛
定光佛廟
62-21425
56-31337

白龍庵

號。又稱「白龍庵」或「榕興堂」。為福州十一縣在彰化的同鄉組織。創建於清同治七年（西元一七六八年），是臺灣碩果僅存的福州人會館。他們主祀五福大帝，又稱五靈公。該會館內組有劇樂社。

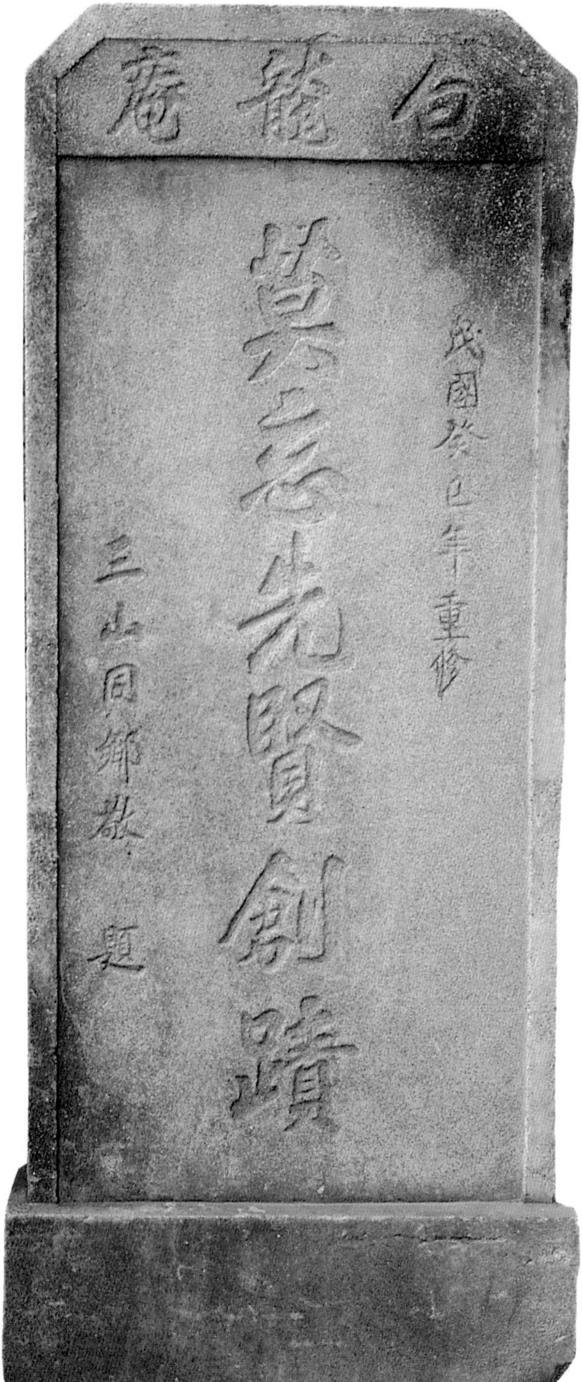

三、鹿港

(1)金門館

鹿港的金門館與安平、臺北的金門館完全一樣，又稱為「浯江館」。金門與臺灣的關係非常密切，金門人士來臺者特別多，乾隆五年（西元一七八七年）由戍守鹿港的水師官兵與旅居鹿港的紳商們捐建而成。最初是專供駐鹿港的金門人士朝奉之用，嘉慶以後，更進一步供旅居鹿港的金門同鄉人住宿與聚會禮佛。鹿港的金門會館為臺灣三座金門館中最大最早的。館內存有古碑與古匾，均為金門出身的文武官紳所敬獻。址在金門街。

(2)泉郊會館

館址位在鹿港鎮中山路二二三號。「郊」又叫「行郊」或「郊行」，是閩南及臺灣獨用的俗稱。與一般的行會、公所相類似。在臺灣，郊行都設在城市之郊與港埠之濱為

●鹿港金門館景之一（左圖）
●彰化三山會館的古碑（右頁左圖）
●彰化三山會館的劇樂社（右頁右圖）
●彰化汀州會館（陳一水攝）（60 頁圖）
●三山會館一景（陳一水攝）（61 頁圖）

多，由同行業者所組成，其命名與經營所在地或行業類別之名稱相關，其目的在於為同業們排解紛爭、解決困難，保持商譽，維護商品品質及行商間的聯絡，並協助政府維持治安，倡捐公益事業及慈善事業以彌補官衙力量之不足。具有多元性的本質與功能。是清代臺灣最具影響力的民間組織。「泉郊會館」就是由泉籍的郊商們所組織。主祀天上聖母。可惜民國二十三年拆除「不見天」拓寬馬路時，改建為現代式的店舖，館內存有多幅古匾供人憑弔。

(3)廈郊會館

廈郊會館就是由做廈門貿易的郊商們所建。今已改建為「老人會」。

●金門館又稱浯江館（陳一水攝）（上圖）

●鹿港廈郊會館遺址（右頁圖）

●晉江狀元莊俊元墨寶匾額（66 頁圖）

●欽差大臣巴圖魯匾額（67 頁圖）

《附錄》泉郊會館規約

■訂清曆三月二十三日，慶祝聖母壽誕，諸同人務須到館 定籤首，以主一月事務，期滿一易，苦樂相承，自上而下，上流下接，不得藉口乏暇，致廢公事，違者罰銀六元，以充公費不貸。

■訂籤首分別正副，兼辦，以籤首既訂何號，則前一號為副籤，以正籤管傳船幫，副籤管看銀錢。至月滿，副籤即將銀錢繳交正籤核符，正籤月訂薪水四元，副籤月訂薪水二元，苟費不敷，應公同議填，毋致籤首獨虧。如有不遵，罰銀一倍充公不貸。

■訂延師協辦公務，主斷街衢口角是非，應擇品行端方，聞眾公舉，年滿一易，籤首不得徇私自便請留，我同人亦不得硬薦致廢公事，合應聲明。

■訂爐主統闔郊事務，然就全年抽分核按起來，除繳生息公費外，所入不供所出，並無別款可籌，集眾公議，惟將每辦船，如四百石，加抽分一百石，公議不易，此係專為公費不敷而設，關顧大局，倘有不遵，聞眾公誅。

■訂籤首如有公事問眾，諸同人均宜向前共商，公事公辦，不得袖手，致廢公事，違者罰銀六元充公。

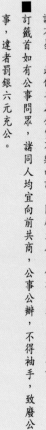

■訂泉郊諸號船，每百石貨額，訂抽銀一元，以作公費，諸同人如有配儎，應付出海收來交繳，不得隱匿，如有隱匿，察出罰銀一倍充公。

■訂船戶如犯風水損失，有救起貨額，船貨兩攤，其杉磁茶葉藥材，此無可稽之貨，例應不在攤內，應與船另議，合應聲明。

■訂船戶遭風損失器具，惟桅舵椗三款，應就照貨若干，船主應開七分，貨客應貼船三分，其餘細款，胡混難稽，不在貼款，合應聲明。

■訂船戶擱漏，貨額濕損，缺本若干，貨客應開七分，船主應貼貨三分，船之修創，應費多少，船主應開七分，貨客應貼船三分。

■訂船戶先後次第大小，分別幫期，不得奮先爭儎，趕篡出口，違者罰銀，以充公費不貸。

■訂交關欠數，恃橫強負，應當稟究，諸同人不論親朋，能為苟完更妙，不得助紂為虐，察出罰酒筵賠罪。

■訂竹筏駁運，輕船重儎，犯盜偷搶，以及風水等因就存餘同筏，苦樂共之，查明失所，稟官報請查究，諸同人不論有無貨額在內，各宜向前協辦，不得袖手旁觀，合應聲明。

天上聖母

四、澎湖

(1)提標館

館址在馬公市中央里中山路五十六號。清自康熙廿三年在澎湖設立營兵，有「水師提標」、「銅山標」、「南澳標」、「閩南標」四標。各標班兵都組織會館共伙及聯誼以相互濟助。提標館主祀媽祖與提標祖，情形與臺南安平同。除古匾及神像外，館已改建。

(2)銅山館

「銅山館」又稱「武聖殿」。位在馬公市民族路二十五巷二十五號。創建於清咸豐年間。據會館碑記：「銅山館者為前武營提海南銅山四標之一」。銅山即福建漳州東山縣，故此會館為東山縣調戍澎湖之標兵共伙與同鄉人士在澎聚會祀神之處。

(3)海山館

●澎湖提標館（上圖）

●海上保護神一天上聖母（陳一水攝）（右頁圖）

提標館

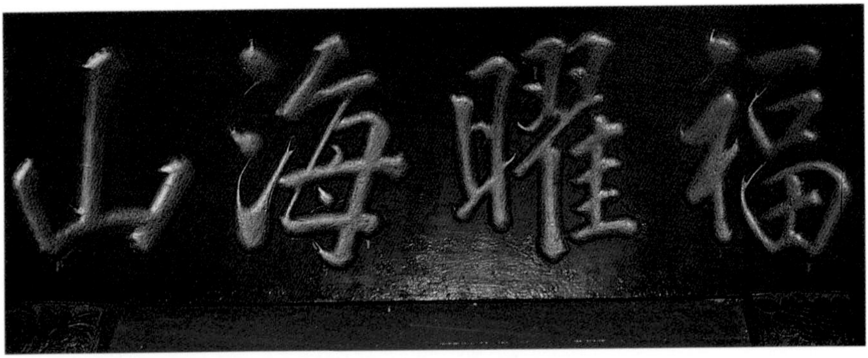
福曜海山

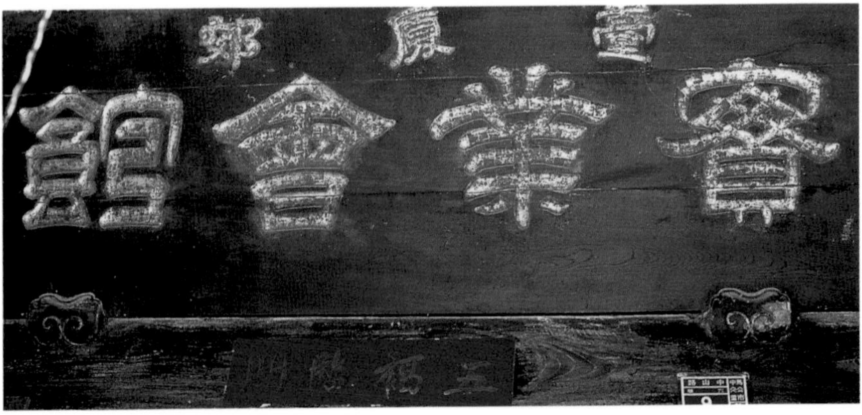
臺廈郊

原址在今省立澎湖醫院院址，日據時期遷到中央街與靖海侯施琅共祀，門額稱「施公祠」，亦為標兵所建，今僅存古香爐及二幅古匾。

(4)烽火館

館址在馬公市民族路三號。據「歷代記」所載，烽火館是由講福州話的福寧州霞浦縣調來澎湖之班兵所捐建，其情形與臺南安平的烽火館相同。主祀關聖夫子。本館特具歷史意義，因道光二十年（西元一八四〇年）中英鴉片戰爭時，太子太保王得祿以七十二高齡銜命駐防澎湖，而於當年十二月不幸病逝防次。當時就停靈於烽火館內。可惜今已拆毀，僅存古井一口，古碑兩塊。

(5)臺廈郊實業會館

館在馬公市中山路六巷九號。臺廈郊即澎湖的行商從事臺灣與廈門之貿易者，這些郊行以「水仙宮」為聚會聯誼之場所。為清代澎湖最具影響力的民間組織。今僅存一塊「臺廈郊實業會館」匾。

(6)南澳館與雲霄館

此二館均為班兵共伙聯誼而設，可惜已毀而失其址。

五、臺北市

金門館

館址在臺北市廣州街八十一巷四弄三號。創建於清咸豐七年（西元一八五七年）。金門人王士仁等奉調戍守艋舺為兵，駐紮於「艋舺兵盤埔」，亦名「營盤埔」，俗稱「協台」，即今龍山國中校址。王士仁等兵勇就在營旁建金門館，以為共伙及祀奉蘇府王爺蘇永盛，並聯誼金門鄉人。民國前十三年，日本買充該地為「日本警官訓練所」，金門館只好遷到「蓮花池街」，後廟

●提標館匾額（右頁上圖）

●海山館匾額（右頁中圖）

●澎湖台廈郊實業會館匾額（右頁下圖）

地被征收建老松國小，乃再遷於現址。農曆四月十二日為王爺誕，金門、艋舺、鹿港、安平同時舉行盛大的慶祝。

●臺北金門會館景二（上圖）

●臺北金門會館景一（左頁圖）

蘇府千歲
神威鎮北地萬姓皆
全身顯赫威靈天下財源廣
門現神光庇佑萬民福澤長
蘇府千歲
金門館

六、淡水

汀州會館

館址在淡水鎮鄧公里鄧公路十五號，稱「鄞山寺」。淡水鎮開發極早，為臺灣北部與大陸對渡之正口，所以商業鼎盛，閩粵各地人士都來此貿易或待渡，但以泉州人勢力最大，故人數較少而講客語的汀州人，乃於淡水較東角處，興建會館，做為汀籍人士來臺灣北部之鄉人聯誼互助之場所。此館建於清道光三年。淡水廳志：「道光三年汀州人張鳴崗等捐建。」光緒十九年「鄞山寺碑記」：「昔汀人在滬尾街后庄仔內，於道光三年建造廟宇，名為鄞山寺，供奉定光古佛，為汀人會館。……」此會館造型優美，古色古香，保存百多年之古廟宇之原貌，殊為難得。

●淡水汀州會館碑（上圖）

●淡水汀州會館一景（左頁圖）

第八章 結語

民國二十年一月，「臺灣民報」的主編，為發揚我民族意識與情操，不顧日本殖民政府之壓迫，函請當時國民政府考試院戴傳賢院長為該報提字紀念，戴氏立即親題「血濃於水」四個字，指明了臺灣與大陸間分不開、斬不斷的關係。臺灣是我中華民族早期移民胼手胝足艱苦經營地開拓出來，所以，民族的感情與歷史文化淵源正是臺灣與大陸命運息息相關的基礎與依據。會館雖然僅僅是眾多基礎中的一環，但是，它是重要的。要知道文化建設包含有形與無形的範疇，會館的建築與精神正蘊含了這兩項原則。當我們正感受到文明的進步，社會的變遷演化太快且間隔又太短所加諸於身上的壓力和衝擊時，就讓我們思想起那「血濃於水」的「會館」，它能克服人們的冷漠和不協調，使我們能愛鄉更愛國，使我們的社會更團結更和諧。

●銀同祖廟碑記（右圖）
●濟汀濟海的定光古佛（陳一水攝）（左頁圖）
●鹿港泉郊會館精緻的對聯（右：捌郊尊領袖，左：肆海振聲靈）（陳一水攝）（76、77 頁圖）

濟汀渡海
定光古佛

國家圖書館出版品預行編目資料

血濃於水的會館／周宗賢著.----增訂一版----臺北市
：文建會，民 88
面；　　公分，----（文化資產叢書系列．古蹟類）

ISBN　957-02-4354-6（平裝）

1.同鄉會

546.73　　88008534

文化資產叢書〔古蹟類〕

血濃於水的會館

著者／周宗賢

著作財產權人／行政院文化建設委員會
發 行 人／林澄枝
發行及展售／文建會文字影音出版品展售中心／台北市愛國東路 100 號
電話：(02) 23434168／ 傳真：(02) 23946574
編輯製作及代理發行／藝術家出版社／台北市重慶南路一段 147 號 6 樓
電話：(02) 23719692-3／傳真：(02) 23317096
審　查／林衡道
策　劃／陳德新
行政編輯／吳麗珠、吳淑英
圖片攝影／周宗賢、李乾朗、史維綱、陳一水
執行編輯／王庭玫、魏伶容、林毓茹
美術編輯／王庭玫、李怡芳、柯美麗、林憶玲、王孝媺
製　版／裕華彩藝股份有限公司
印　刷／欣佑彩色製版印刷股份有限公司
經　銷／藝術圖書公司／台北羅斯福路三段 283 巷 18 號
電話：(02) 23620578／傳真：(02) 23623594
中部分社／電話：(04) 5340234／傳真：(04) 5331186
南部分社／電話：(06) 2617268／傳真：(06) 2637698
出版日期／中華民國八十八年六月（增訂一版）
定　價／160 元

血濃於水的會館

ISBN 957-02-4354-6
00160
789570 243543

文化資產叢書（古蹟類）

林衡道著

臺灣史蹟源流

行政院文化建設委員會策劃出
藝術家出版社編輯製